Epiktet

Handbüchlein der stoischen Moral

Epiktet

Handbüchlein der stoischen Moral

1.Aufl.
Taschenbuch Literatur Klassiker
Bibliografische Information der Deutschen Nationalbibliothek:
Die Deutsche Nationalbibliothek verzeichnet diese Publikation in der
Deutschen Nationalbibliografie; detaillierte bibliografische Daten sind im
Internet abrufbar über http://dnb.dnb.de
© 2022 Epiktet
Deutsch: C.Conz
ISBN: 9783756217618
Herstellung und Verlag: BoD – Books on Demand, Norderstedt

Inhalt

Epiktet

Handbüchlein der stoischen Moral

(Encheiridion)

Unser Eigentum.

I,

1. Einige Dinge sind in unserer Gewalt, andere nicht. In unserer Gewalt sind: Meinung, Trieb, Begierde, Widerwille: kurz: Alles, was unser eigenes Werk ist. – Nicht in unserer Gewalt sind: Leib, Vermögen, Ansehen, Ämter, kurz: Alles, was nicht unser eigenes Werk ist.

Vorzüge des Eigentums.

I,

2. Und die Dinge, welche in unserer Gewalt stehen, sind von Natur frei; sie können nicht verhindert, noch in Fesseln geschlagen werden. Die Dinge aber, welche nicht in unserer Gewalt stehen, sind schwach, und völlig abhängig; sie können verhindert und entfremdet werden.

Verwirrung aus Verwechslung.

I,

3. Wofern du nun Dinge, die von Natur völlig abhängig sind, für frei, und Fremdes für Eigentum ansiehst, so vergiss nicht, dass du auf Hindernisse stoßen, in Trauer

und Unruhe geraten, und Götter und Menschen anklagen wirst. Wenn du aber nur, was wirklich dein ist, als dein Eigentum betrachtest, das Fremde aber so, wie es ist, als Fremdes, so wird dir niemand je Zwang antun, niemand wird dich hindern; du wirst keinen schelten, keinen anklagen, wirst nichts tun wider Willen, niemand wird dich kränken, du wirst keinen Feind haben, kurz: du wirst keinerlei Schaden leiden.

Keine Halbheit!

I,

4. Wenn du nun so Großes begehrst, so bedenke, dass du nicht mit halbem Eifer darnach greifen, sondern einiges völlig verleugnen, anderes für jetzt aufschieben musst. Wofern du aber sowohl jenes begehrst, als auch herrschen und reich sein willst, so wirst du vielleicht nicht einmal dieses letztere erlangen, gerade weil du zugleich nach dem ersteren strebst. Gänzlich verfehlen aber wirst du dasjenige, woraus allein Freiheit und Glück-seligkeit entspringt.

Äußere Dinge – was gehen sie dich an?

I,

5. Bestrebe dich, jeder unangenehmen Vorstellung sofort zu begegnen mit den Worten: du bist nur eine Vor-stellung, und durchaus nicht das, als was du erscheinst. Alsdann untersuche dieselbe, und prüfe sie nach den Regeln, welche du hast, und zwar zuerst und allermeist nach der, ob es etwas betrifft, was in unserer

Gewalt ist, oder etwas, das nicht in unserer Gewalt ist; und wenn es etwas betrifft, das nicht in unserer Gewalt ist, so sprich nur jedes Mal sogleich: Geht mich nichts an!

Du hast dein Glück in der Hand.

II,

1. Bedenke, dass die Begierde verheißt, wir werden erlangen, was wir begehren; der Widerwille aber verheißt, es werde uns nicht widerfahren, was er zu meiden sucht. Wer nun nicht erlangt, was er begehrt, ist unglücklich, und wem widerfährt, was er gerne vermeiden möchte, ist es doppelt. Wenn du aber bloß dasjenige zu meiden suchst, was der Natur der Dinge, die in deiner Gewalt sind, zuwider ist, so wird nichts von dem widerfahren, was du meiden willst. Willst du aber Krankheit meiden, oder Armut, oder Tod, so wirst du unglücklich sein.

Das Sicherste für den Anfang.

II,

2.Hinweg also mit deinem Widerwillen von allem dem, was nicht in unsrer Gewalt ist, und trage ihn über auf das, was der Natur der Dinge, die in unsrer Gewalt sind, zuwider ist. Die Begierde aber entferne vorerst ganz. Denn wenn du etwas von dem begehrst, was nicht in unserer Gewalt ist, so musst du not-wendigerweise unglücklich sein. Von den Dingen aber, die in unserer

Gewalt sind, und welche zu begehren rühmlich wäre, ist dir noch gar nichts bekannt.

Nur Trieb und Abneigung lasse walten; aber sachte, mit Auswahl und mit Zurückhaltung.

Gemütsruhe.

III.

Bei Allem, was die Seele ergötzt, oder Nutzen schafft, oder dir lieb und wert ist, vergiss nicht, ausdrücklich zu erwägen, welcher Art es sei, und fange beim Geringsten an. Wenn du einen Topf liebst, denke: ich liebe einen Topf. Zerbricht er dann, so wird es dich nicht anfechten. Wenn du dein Kind oder Weib herzest, so sage dir, dass du einen Menschen herzest. Stirbt er, so wird es dich nicht anfechten.

Wie man die Fassung behauptet.

IV.

Wenn du an ein Geschäft gehen willst, so erinnere dich beiläufig, wie das Geschäft beschaffen sei. – Wenn du zum Baden gehst, stelle dir vor, was im Bad zu geschehen pflegt, wie sie einander mit Wasser spritzen, einander stoßen, schimpfen und bestehlen. So wirst du mit größerer Sicherheit zu Werk gehen, indem du dabei alsbald zu dir selbst sprichst: Ich will jetzt baden, zugleich aber auch meinen der Natur gemäßen Grundsatz festhalten. Und so bei jedem Geschäfte. Auf diese Weise wirst du dann, wenn dir beim Baden etwas in den Weg kommt, sogleich den Trost bei der Hand haben: Ich wollte ja nicht dieses allein, sondern auch meinen naturgemäßen Grundsatz festhalten. Ich werde ihn aber nicht festhalten, wenn ich mich über das Vorgefallene ärgere.

Der schrecklichste der Schrecken.

V.

Nicht die Dinge selbst, sondern die Meinungen von den Dingen beunruhigen die Menschen. So ist z.B. der Tod nichts Schreckliches, sonst wäre er auch dem Sokrates so erschienen; sondern die Meinung von dem Tod, dass er etwas Schreckliches sei, das ist das Schreckliche. Wenn wir nun auf Hindernisse stoßen, oder beunruhigt, oder bekümmert sind, so wollen wir niemals einen andern anklagen, sondern uns selbst, das heißt: unsere eigenen Meinungen. — Sache des Unwissenden ist es, andere wegen seines Missgeschicks anzuklagen; Sache des Anfängers in der Weis-heit, sich selbst anzuklagen; Sache des Weisen, weder einen andern, noch sich selbst anzuklagen.

Törichter Stolz.

VI.

Sei auf keinen fremden Vorzug stolz. Wenn das Pferd sich stolz erhebend spräche: wie schön bin ich! so könnte man sich das gefallen lassen. Wenn aber du selbst voll Stolz sprächest: welch ein schönes Pferd habe ich! so wisse, dass du auf die Vorzüge deines Pferdes stolz bist. Was ist nun aber dein? — Der

Gebrauch deiner Vorstellungen! – Wenn du also von deinen Vorstellungen einen naturgemäßen Gebrauch machst, dann magst du stolz sein; denn alsdann bist du stolz auf einen Vorzug, der dir gehört.

Zum Sterben fertig!

VII.

Wenn du auf einer Seereise, während das Schiff im Hafen liegt, ausgehst, um Wasser zu schöpfen, so hebst du wohl nebenbei auch ein Muschelchen oder Zwiebelchen am Wege auf; deine Gedanken aber musst du auf das Schiff gerichtet haben, und fleißig zurückschauen, ob nicht etwa der Steuermann rufe; und wenn er ruft, so musst du alle jene Dinge zurücklassen, damit du nicht gebunden hinein-geworfen werdest, wie die Schafe. So ist's auch im Leben. Wenn dir statt Zwiebelchen und Muschelchen ein Weibchen oder Kindchen geschenkt wird, so wird nichts dagegen einzuwenden sein. Wenn aber der Steuermann ruft, so renne zum Schiff und lasse alle jene Dinge zurück, ohne dich auch nur umzuschauen. Bist du aber ein Greis, so entferne dich nicht einmal weit vom Schiff, damit du nicht zurückbleibest, wann jener ruft.

Schwimme nicht gegen den Strom.

VIII.

Verlange nicht, dass die Dinge gehen, wie du es wünschest, sondern wünsche sie so, wie sie gehen, und dein Leben wird ruhig dahin fließen.

Der Wille ist frei.

IX.

Krankheit ist ein Hindernis des Körpers, aber nicht des Willens, wenn er nicht selbst will. Lähmung ist ein Hindernis des Fußes, aber nicht des Willens. Und so denke bei allem, was dir begegnet; denn du wirst finden, dass es wohl ein Hindernis für etwas anderes ist, aber nicht für dich.

Versuchung und Widerstand.

X.

Vergiss nicht, bei jedem Vorfall in dich zu gehen, und zu untersuchen, welches Mittel du besitzest, um daraus Nutzen zu ziehen. Erblickst du einen Schönen oder eine Schöne, so wirst du ein Mittel dagegen finden, – die Selbstbeherrschung. Kommt Anstrengung, so findest du Ausdauer; kommt Schmach, so findest du Kraft zum Erdulden des Bösen. Und wenn du dich so gewöhnst, so wird dich die Vorstellung nicht hinreißen.

Der Weise verliert nichts.

XI.

Sage nie von einem Ding: ich habe es verloren; sondern: ich habe es zurückgegeben. Dein Kind ist gestorben; – es ist zurückgegeben worden. Dein Weib ist gestorben; – es ist zurückgegeben worden. Dein Landgut wurde dir genommen. – Nun also auch dieses ist nur zurückgegeben worden. — »Aber der es dir genommen hat, ist ein Schurke.« — Was geht es aber dich an, durch wen es dir derjenige wieder abgefordert hat, der es dir gab? — So lange er es aber dir überlässt, behandle es als fremdes Gut, so wie die Reisenden die Herberge.

Fort mit Sorgen.

XII, 1.

Willst du Fortschritte machen, so musst du Gedanken, wie die folgenden, fahren lassen: Wenn ich das Meinige vernachlässige, so werde ich kein Brod haben; wenn ich meinen Jungen nicht züchtige, so wird er ein Bösewicht werden. Denn besser ist es, Hunger sterben, frei von Traurigkeit und Furcht, als im Überfluss leben mit Unruhe im Herzen; und besser ist's, dass der Junge ein Bösewicht werde, als dass du unglücklich seiest.

Was kostet Gemütsruhe?

XII, 2.

Fange also mit geringfügigen Dingen an. Man verschüttet dir dein Bisschen Oel, man stiehlt dir dein Restchen Wein. Denke dabei: so teuer kauft man Gelassenheit, so teuer Gemütsruhe. Umsonst bekommt man nichts.
Wenn du deinen Knecht herbeirufst, so denke: es kann sein, dass er es nicht gehört hat; und wenn er es gehört hat, dass er nichts von dem tut, was du haben willst.

Aber so gut soll er es nicht haben, dass deine Gemütsruhe in seine Willkür gestellt wäre.

Sei ein Tor vor der Welt.

XIII.

Willst du Fortschritte machen, so lasse es dir gefallen,
dass man dich in Bezug auf äußere Dinge für dumm und
einfältig hält. Du musst nicht scheinen wollen, als
wissest du etwas. Wenn auch gewisse Leute etwas auf
dich halten, so traue dir selbst nicht. Wisse nämlich,
dass es nicht leicht ist, die naturgemäßen Grundsätze,
die du hast, und zugleich die äußeren Dinge im Auge zu
behalten. Vielmehr, wer für das eine sorgen will, muss
ganz notwendig das andere vernachlässigen.

Begehre nichts Unmögliches.

XIV,

1. Wenn du willst, dass deine Kinder, dein Weib und
deine Freunde ewig leben sollen, so bist du ein Thor.
Du willst damit, dass Dinge, die nicht in deiner Gewalt
sind, in deiner Gewalt sein sollen, und was nicht dein
ist, soll dir gehören.
So auch, wenn du willst, dein Sohn soll keine Fehler
machen, so bist du ein Narr; du willst nämlich,
Schlechtigkeit soll nicht Schlechtigkeit sein, sondern
etwas anderes. Willst du aber, dass deine Wünsche
nicht fehlschlagen, das vermagst du schon. Das
Mögliche also – darin übe dich.

Herr oder Knecht.

XIV,

2. Ein Herr über alles ist der, welcher die Macht hat, das, was er will, oder nicht will, anzuschaffen oder wegzuschaffen. Wer nun frei sein will, der muss weder etwas wollen, noch etwas nicht wollen von dem, was in anderer Leute Gewalt ist. Wo nicht, so muss er ein Sklave sein.

Selbstverleugnung.

XV.

Vergiss nicht, dass du dich (im Leben) wie bei einem Gastmahl betragen musst. Man bietet etwas herum, und es gelangt zu dir: – strecke die Hand aus, und nimm bescheiden davon. Es geht an dir vorüber: – halte es nicht auf. Es will immer noch nicht kommen: – blicke nicht aus der Ferne begehrlich darauf hin, sondern warte, bis es an dich kommt. Ebenso halte es in Bezug auf Kinder, Weib, Ämter und Reichtum; dann wirst du einst ein würdiger Tischgenosse der Götter sein. – Wenn du aber selbst von dem, was dir vorgelegt wird, nichts annimmst, sondern darüber wegsiehst, so wirst du nicht bloß mit den Göttern zu Tische sitzen, sondern auch mit herrschen. So handelten Diogenes und Heraklit und ihresgleichen, und deshalb waren und hießen sie mit Recht göttliche Menschen.

Spare das Mitleiden.

XVI.

Wenn du jemand weinen siehst aus Betrübnis, entweder weil sein Sohn in die Fremde gegangen ist, oder weil er das Seinige verloren hat, so gib Achtung, dass dich nicht die Vorstellung hinreiße, als sei jener im Unglück durch äußere Ursachen; sondern sprich nur sogleich: jenen drückt nicht das Begegnis selbst, — einen andern drückt es ja auch nicht, — sondern was er sich darunter vorstellt. Zögere zwar nicht, dich wenigstens in deinen Worten nach ihm zu richten, und wenn es sich gerade schickt, auch mit ihm zu seufzen. Hüte dich aber, dass du nicht auch innerlich mitseufzest.

Vom Schauspieler lerne!

XVII.

Bedenke, dass du Schauspieler bist in einem solchen Stück, wie es eben dem Dichter beliebt; ist es kurz, in einem kurzen; ist es lang, in einem langen. Will er, dass du einen Bettler vorstellen sollst, so stelle auch einen solchen naturgetreu dar. Ebenso einen Lahmen, einen Herrscher, einen gemeinen Mann. Deine Sache ist es nämlich, die Rolle, welche dir übertragen worden ist, gut zu spielen; sie anzuwählen, Sache eines Andern.

Böses nimm auch für gut.

XVIII.

Wenn ein Rabe durch sein Krächzen Unheil verkündet, so lasse dich nicht von der Vorstellung hinreißen; sondern unterscheide sogleich bei dir selbst und sprich: keines von diesen Vorzeichen gilt mir; sondern entweder meinem elenden Leib, oder meinen paar Pfennigen, oder meinem bisschen Reputation, oder meinen Kindern, oder meinem Weibe. Mir selbst aber wird lauter Glück geweissagt, sofern ich nur will; denn was immer von jenen Dingen sich ereignen mag, es steht bei mir, Nutzen daraus zu ziehen.

Sicherer Sieg.

XIX, 1.

Du kannst unüberwindlich sein, wenn du dich in keinen Kampf einlässt, in welchem es nicht in deiner Macht steht, obzusiegen.

Geistesfreiheit.

XIX, 2.

Wenn du einen hochgeehrten, oder vielvermögenden, oder sonst angesehenen Mann siehst, so hüte dich, dass du nicht, von der Vorstellung hingerissen, ihn glücklich preisest. Denn wenn das wahre Gut in den Dingen besteht, welche in unsrer Gewalt sind, so findet weder Neid noch Eifersucht Raum; und du selbst wirst nicht Heerführer, oder Ratsherr, oder Konsul sein

wollen, sondern frei. Dazu führt nur *ein* Weg: –
Verachtung der Dinge, die nicht in unsrer Gewalt sind.

Langsam zum Zorn!

XX.

Bedenke, dass nicht derjenige dich kränkt, welcher dich
schmäht, oder schlägt; sondern die Meinung, als liege
darin etwas Kränkendes. Wenn dich also jemand
ärgert, so wisse, dass dich deine Meinung geärgert hat.
Deshalb versuche es vor Allem, dich nicht von der
Vorstellung hinreißen zu lassen. Hast du nur einmal Zeit
und Aufschub gefunden, so wirst du dich umso leichter
beherrschen.

Der Tod der Lüste.

XXI.

Tod und Verbannung und Alles, was als schrecklich
erscheint, soll dir täglich vor Augen schweben, am
meisten aber der Tod; so wirst du nie weder an etwas
Gemeines denken, noch etwas allzu heftig begehren.

Lasse die Spötter spotten!

XXII.

Du willst ein Philosoph sein. Mache dich von Stund an
darauf gefasst, dass man dich auslacht, dass dich viele
verspotten und sagen: Er ist plötzlich als Philosoph zu
uns zurückgekommen; und weshalb trägt er seinen

Kopf gegen uns so hoch? – Du sollst aber den Kopf nicht hoch tragen; sondern was dir das Beste zu sein dünkt, das halte fest, gerade so, als ob du von Gott selbst auf diesen Posten gestellt worden wärest; und bedenke, dass dich, wenn du immer auf dem Gleichen beharrst, diejenigen, welche dich zuerst verlacht haben, zuletzt bewundern werden. Lässt du dich aber von ihnen besiegen, so wirst du zwiefältigen Spott ernten.

Nach innen schau!

XXIII.

Wenn es dir einmal begegnet, dass du dich nach außen wendest, in der Absicht, irgend einem zu gefallen, so wisse, dass du deine innere Stellung ver-loren hast. Es genüge dir also durchaus, ein Philosoph zu sein. Willst du aber auch (von jemand) dafür ange-sehen sein, so sieh dich selbst dafür an. Dies vermagst du

Tugend verloren – Alles verloren!

XXIV,

1. Gedanken, wie die folgenden, lasse dich nicht an-fechten: Ich soll in Schande leben, und als der Garnichts auf der Gotteswelt. Denn wenn die Schande ein Uebel ist, so kann dir das Uebel ebenso wenig durch einen andern aufgenötigt werden, als etwas Sittlich-schlechtes. Ist es etwa dein eigen Werk, mit einem Amte bekleidet, oder zur Tafel gezogen zu werden? Keineswegs. Wie könnte also das eine Schande sein?

Und in wie fern wirst du der Garnichts sein, da du doch nur in den Dingen etwas sein sollst, in welchen es ganz bei dir steht, dich aufs höchste auszuzeichnen?

2. Aber du wirst deine Freunde ohne Unterstützung lassen müssen? – Was soll das heißen: ohne Unterstützung? – Sie werden kein Geld von dir bekommen; du wirst ihnen das römische Bürgerrecht nicht verschaffen können? – Wer hat dir denn gesagt, dass dies zu den Dingen gehöre, die in unsrer Gewalt sind, und nicht vielmehr etwas sei, das uns fremd ist? – Wer kann einem andern geben, was er selbst nicht hat?

3. So erwirb, heißt es jetzt, dass wir auch etwas haben! – Wenn ich erwerben kann ohne Verletzung des Ehrgefühls, der Treue und der großherzigen Gesinnung, so zeige mir den Weg, und ich will es tun. Wenn ihr mir aber zumutet, ich soll die Güter, die mir selbst gehören, verlieren, damit ihr erlanget, was *kein* Gut ist, so erkennet doch, wie unbillig ihr seid, und wie unverständig. Was wollet ihr denn lieber? Geld, oder einen treuen und ehrliebenden Freund? – So verhelfet mir doch lieber zu dem letzteren, und mutet mir nicht zu, etwas zu tun, wodurch ich eben dies verlieren müsste.

4. Aber das Vaterland, sagt man, wird, wenigstens von mir, keine Unterstützung haben. Ich frage: wieso keine Unterstützung? – Es wird keine Säulengänge und keine Bäder durch dich bekommen. Und was liegt daran? Bekommt es doch auch keine Schuhe vom Schmied, und keine Waffen vom Schuster. – Es genügt aber, wenn jeder *sein* Werk recht tut. Wenn du ihm einen

andern zu einem treuen und ehrenhaften Bürger heranbildest, hast du ihm dann nichts genützt? − Ja doch! Also wärest doch auch du nicht so ganz ohne Nutzen für dasselbe!

5. Welche Stellung werde ich nun im Staate einnehmen? so fragt man. Diejenige, welche du einnehmen kannst, ohne dass du aufhören musst, beides, ein treuer und ein ehrliebender Mensch zu sein. Wirfst du aber dieses von dir, um dem Staate zu nützen, welchen Nutzen hätte er wohl von dir, wenn du ehr- und treulos geworden wärest? −

Verkaufst du deine Freiheit um ein Linsengericht?

XXV,

1. Einem andern ist beim Gastmahl, oder beim Grüßen, oder beim Herbeiziehen zu einer Beratung mehr Ehre widerfahren, als dir? Wenn dies ein Gut ist, so sollst du dich freuen, dass jener andere es erlangt hat. Ist es aber ein Uebel, so klage nicht, dass es dich nicht betroffen hat. Bedenke übrigens, dass du nicht denselben Lohn ansprechen kannst, wenn du nicht dasselbe tust, um die Dinge zu erlangen, die nicht in unsrer Gewalt sind.

2. Denn wie kann derjenige, welcher einem andern keine Aufwartung macht, so viel bekommen, wie der, welcher sie macht? oder der, welcher nicht im Gefolge mitgeht, so viel wie der, welcher mitgeht, und welcher nicht lobt, so viel wie der, welcher lobt? Du bist also

ungerecht und ungenügsam, wenn du, ohne den Preis zu bezahlen, um welchen man jene Dinge verkauft, sie umsonst erlangen willst.

3. Wie teuer verkauft man den Lattich? Ungefähr um einen Groschen. Wenn nun einer den Groschen bezahlt, und Lattich dafür bekommt, du aber bezahlst nichts, und bekommst nichts, so glaube nicht, dass du weniger habest, als der, welcher etwas bekommen hat. Denn wie jener den Lattich, so hast du den Groschen, den du nicht ausgegeben hast.

4. Ganz ebenso auch hier. Es hat dich einer nicht zur Mahlzeit eingeladen. Du hast eben dem Wirth den Preis nicht bezahlt, um den er sein Gastmahl verkauft. Er verkauft es aber für Lob; er verkauft es für Aufwartung. Bezahle also den Preis, um den es feil ist, wenn es dir taugt. Willst du ihn aber nicht bezahlen, und doch jenes erlangen, so bist du unersättlich und unverständig.

5. Hast du nun nichts zum Ersatz für das Gastmahl? – Das hast du, dass du den nicht zu loben brauchtest, welchen du nicht loben wolltest, und dass du dir nichts gefallen lassen musstest von seinen Türstehern.

Der Wille der Natur.

XXVI.

Der Wille der Natur lässt sich erkennen aus dem, worüber keine Meinungsverschiedenheit unter uns herrscht. Z.B. wenn der Sklave eines andern ein Trinkglas zerbricht, so sind wir gleich bereit zu sagen:

so geht es eben. – Wisse nun, dass du, wenn das deinige ebenfalls zerbricht, dich ebenso betragen musst, wie wenn das des andern zerbricht.

Hievon mache nun die Anwendung auch auf Wichtigeres. Eines anderen Kind oder Weib ist gestorben. Da ist keiner, der nicht spräche: »So geht's in der Welt.« Stirbt aber einem sein eigenes, gleich ruft er: »Oh weh mir! Ich Armer!« Man sollte aber sich erinnern, welchen Eindruck es auf uns macht, wenn wir dasselbe von einem andern hören.

Wem es gilt, den trifft's.

XXVII.

Gleichwie ein Ziel nicht zum Verfehlen aufgesteckt wird, so auch nicht die Natur des Uebels in der Welt.

Körper und Geist.

XXVIII.

Wenn jemand deinen Körper jedem, der dir begegnet, preisgäbe, so würdest du es übel aufnehmen. Dass aber du selbst deinen Geist dem nächsten besten preisgibst, so dass er in Aufregung und Verwirrung gerät, wenn man dich schilt, – schämst du dich dessen nicht?

Vorbedacht – Nachgetan!

XXIX,

1. Bei allem, was du tun willst, achte auf das, was vorangeht, und was nachfolgt, und so mache dich daran. Wo aber nicht, so wirst du wohl anfangs lustig daran gehen, weil du nicht bedacht hast, was nach- kommt; hernach aber, wenn sich etliche Schwierig- keiten zeigen, wirst du mit Schanden davon gehen.

2. Du willst in Olympia siegen? – Auch ich, bei den Göttern! denn das bringt Ehre. Aber achte auf das, was vorangeht, und was nachfolgt; dann greife das Werk an. Du musst geordnet leben, nach Vorschrift essen, der Leckerbissen dich enthalten, dich üben nach fester Regel, zur vorgeschriebenen Stunde, in Hitze und Kälte; nichts Kaltes trinken, keinen Wein zur beliebigen Zeit; kurz, du musst dich dem Lehrmeister wie einem Arzt übergeben. Sodann beim Kampfe selbst musst du dich mit Sand überschütten lassen. Möglich ist es auch, dass du dir die Hand verzerrst, den Knöchel verrenkst, und vielen Staub schluckst; möglich, daß du durchgeprügelt und nach allem diesem noch besiegt wirst.

3. Das überlege wohl, und wenn du dann noch Lust hast, so gehe zum Kampf. Wo nicht, so wirst du dich wie die Kinder betragen, welche bald die Rolle eines Ringers spielen, bald die eines Fechters, das eine mal Trompeten blasen, dann wieder ein Schauspiel aufführen. So auch du! Bald bist du ein Athlet, bald ein Fechter, dann ein Rhetor, dann ein Philosoph, aber nichts von ganzer Seele; sondern wie ein Affe ahmst du jeden Auftritt, den du siehst, nach; und bald gefällt dir

dies, bald das. Denn du bist nicht mit Überlegung an eine Sache gegangen, und nicht mit Umsicht, sondern auf Geratewohl, und mit frostigem Interesse.

4. So wollen manche Leute, wenn Sie einen Philosophen gesehen haben, oder wenn sie jemand reden hörten, wie Euphrates redet (und doch: wer kann so reden, wie er?), selbst auch Philosophen sein.

5. O Mensch, zuerst überlege, wie die Sache beschaffen ist; dann prüfe auch deine eigene Natur, ob dir die Last nicht zu schwer ist. Willst du ein Pentathlete sein, oder nur ein Ringer? Betrachte deine Arme, deine Schenkel, prüfe deine Hüften; denn der eine ist von Natur zu diesem, der andere zu anderem bestimmt.

6. Glaubst du, du könnest, während du solche Dinge treibst, ebensoviel essen, ebensoviel trinken, eben solche Begierden haben, und ebenso missvergnügt sein? Wachen muss man, und sich anstrengen, sich von den Hausgenossen zurückziehen, sich von einem Sklaven verachten, und von den Vorübergehenden auslachen lassen, und in allem zurückstehen, in der Achtung, im Amt, im Gericht und in jedem Geschäftchen.

7. Das überlege dir, ob du um diesen Preis Gelassenheit, Freiheit und Gemütsruhe eintauschen willst; wo aber nicht, so verzichte darauf. Sei du nicht, wie die Kinder, jetzt ein Philosoph, hernach ein Zolleinnehmer, sodann ein Rhetor, und zuletzt ein kaiserlicher Prokurator. Diese Dinge passen nicht zusammen. Ein Mensch aus *einem* Guss musst du sein, entweder ein guter, oder ein schlechter. Entweder musst du den

herrschenden Theil deiner selbst ausbilden, oder die äußere Seite, entweder auf das Innere deine Kunst verwenden, oder auf das Äußere; d.h. entweder die Stellung eines Philosophen, oder die eines gewöhnlichen Menschen einnehmen.

Sittengesetz und Naturgesetz.

XXX.

Die Pflichten sind so ziemlich überall den Verhältnissen angemessen. Es ist einer Vater: Die Pflicht gebietet, sein zu pflegen, ihm in allem nachzugeben, sein Schimpfen, seine Schläge geduldig hinzunehmen.

Aber der Vater ist ein schlechter Mensch! – Knüpfen dich denn die Bande der Natur an einen *guten* Vater? Nein, sondern an einen Vater. –

Dein Bruder handelt ungerecht. Behalte Obigem zufolge dein Verhältnis zu ihm im Auge und sieh nicht auf das, was jener tut, sondern wie dein Grundsatz beschaffen sein muss, wenn du naturgemäß handeln willst. Denn ein anderer kann dir nicht schaden, wenn du nicht willst. Dann aber wirst du im Schaden sein, wenn du meinst, du werdest beschädigt.

Ebenso kannst du nun auch vom Nachbar, vom Bürger, vom Feldherrn herausfinden, was (für ihn) Pflicht ist, wenn du dich gewöhnst, die Verhältnisse zu berücksichtigen.

Weisheit und Frömmigkeit.

XXXI,

1. Die Hauptsache in der Frömmigkeit, musst du wissen, ist dies, dass man richtige Vorstellungen von den Göttern habe, nämlich, dass es Götter gebe, und dass sie alles gut und gerecht regieren, dass sie dir die Bestimmung gegeben haben, ihnen zu gehorchen, und dich in alles, was geschieht, zu schicken, und willig zu folgen, weil es ja in bester Absicht geschieht. So wirst du niemals die Götter tadeln, noch sie beschuldigen, als bekümmern sie sich nichts um dich.

2. Anders aber kann dies gar nicht geschehen, als bis du die Begriffe Gut oder Uebel von denjenigen Dingen lostrennst, welche nicht in unserer Gewalt sind, und sie ausschließlich in dasjenige verlegst, was in unserer Gewalt ist. Denn sobald du etwas von den ersteren für ein Gut oder für ein Uebel ansiehst, kann es nicht anders sein, als dass du diejenigen anklagst und hassest, welche schuld daran sind, dass dir etwas entgeht, was du dir wünschest, oder dass dir etwas widerfährt, was du nicht wünschest.

3. Denn es ist allem, was da lebt, angeboren, das, was ihm schädlich vorkommt, samt seiner Ursache zu fliehen und zu meiden, das Nützliche aber samt seiner Ursache zu begehren und zu bewundern. Unmöglich kann einer, der im Schaden zu sein glaubt, an dem, was ihm schädlich scheint, eine Freude haben, wie es auch unmöglich ist, sich zu freuen über den Schaden selbst.

4. Deshalb wird selbst ein Vater von seinem Sohne geschmäht, wenn er seinem Kinde nichts von den Dingen mittheilt, die man für Güter hält. Auch den Polynikes und Eteokles entzweite eben das, dass sie die Alleinherrschaft für etwas Gutes hielten. Aus demselben Grunde flucht der Bauer über die Götter, aus demselben der Schiffer, aus demselben der Kaufmann, aus demselben diejenigen, welche Weib und Kind verlieren. Denn soweit ihr Nutzen reicht, reicht auch ihre Frömmigkeit. – Wer also sich befleißigt, nur das zu begehren und zu meiden, was er soll, der befleißigt sich eben damit auch der Frömmigkeit.

5. Pflicht ist es übrigens in jedem Fall, Trankopfer und Brandopfer und Erstlingsgaben darzubringen nach väterlicher Weise, mit reinem Sinn und nicht gedankenlos, auch nicht gleichgiltig; weder kärglich, noch auch über Vermögen.

Die Orakel und das Gewissen.

XXXII,

1. Wenn du zum Orakel gehst, so erinnere dich, dass du nicht weißt, was geschehen wird, sondern dass du kommst, um es von dem Seher zu erfahren. Wie aber eine Sache beschaffen ist, das weißt du schon beim Kommen, wenn du ein Philosoph bist. Ist es nämlich etwas von den Dingen, die nicht in unsrer Gewalt sind, so kann es schlechterdings weder ein Gut,
noch ein Uebel sein.

2. Du sollst also zum Seher weder Begierde, noch Widerwillen mitbringen. Auch gehe nicht mit Angst zu ihm, sondern als einer, der weiß, dass alles, was da kommen mag, gleichgiltig ist, und nichts, das dich anginge. Wie es aber auch sein mag, man wird einen guten Gebrauch davon machen können; und das kann dir niemand wehren.

Gutes Muths also, wie vertrauen Ratgebern, nahe dich den Göttern; und im Übrigen, wenn du Rath empfangen hast, so erinnere dich, wer die sind, die du zu Beratern angenommen hast, und wem du ungehorsam wirst, wenn du nicht folgst.

3. Gehe aber, nach dem Rath des Sokrates, nur wegen solcher Dinge zum Orakel, die nach allem Betracht eine Beziehung auf die Zukunft haben, und bei welchen weder die Vernunft, noch ein anderes Mittel eine Möglichkeit darbietet, zu erkennen, was bevorsteht.

Wenn du also einem Freund, oder dem Vaterland in der Gefahr beistehen sollst, so frage nicht den Seher, ob du ihnen beistehen sollst. Denn wenn dir auch der Seher sagt, dass die Opferzeichen schlimm ausgefallen seien, so bedeutet dies zwar augenscheinlich den Tod, oder Verstümmelung eines Glieds an unserem Leibe, oder Verbannung; aber die Vernunft gebietet trotz alledem, dem Freunde beizustehen, und mit dem Vaterlande die Gefahr zu teilen.

Folge also dem höheren Seher, dem pythischen Gott, welcher den aus dem Tempel hinauswarf, der seinem Freunde nicht zu Hilfe kam, als man ihr mordete.

Vorbild und Nachfolge.

XXXIII,

1. Stelle dir ein Muster und Vorbild auf, und lebe ihm nach, sowohl wenn du allein bist, als wenn du unter die Leute kommst.

Schweigen, Reden und Lachen.

XXXIII,

2. Auch schweige man meistens oder spreche nur, so viel nötig, und mit wenigen Worten. Bisweilen aber, wenn die Umstände zum Reden auffordern, sollst du reden; aber nicht von jenen alltäglichen Dingen, nicht von Fechterspielen, nicht von Pferderennen, nicht von den Athleten, nicht von Essen und Trinken, wovon man allerorten redet, besonders aber nicht von Personen, weder tadelnd, noch lobend, noch ver-
gleichend.

3. Wenn es nun in deiner Macht steht, so lenke durch deine Reden auch die der Mitanwesenden auf das Schickliche. Stehst du aber zufällig unter Fremden allein, so schweige.

4. Lache nicht viel, und nicht über vieles, und nicht ausgelassen.

Vom Eid.

XXXIII,

5. Den Eid verweigere, wenn es angeht, ganz; wo aber nicht, doch so viel als möglich.

Böse Gesellschaft.

XXXIII,

6. Gastmähler bei Fremden und bei ungebildeten Leuten schlage aus. Kommt aber der Fall einmal vor, so mache es dir zum Gesetz, wohl aufzumerken, dass du nicht unversehens in Gemeinheit versinkest. Denn wisse: wenn einer einen unflätigen Menschen zum Kameraden hat, so muss er, der sich mit ihm einlässt, ebenfalls besudelt werden, auch wenn er selbst vielleicht rein ist.

Einfacher Sinn.

XXXIII,

7. In Bezug auf das Leibliche versieh dich nicht weiter, als mit dem schlechthin notwendigen Bedarf an Speise, Trank, Kleidung, Obdach, Dienerschaft. Was aber zum Gepränge, oder zum Luxus gehört, schneide völlig ab.

Keuschheit.

XXXIII,

8. In Bezug auf geschlechtlichen Umgang halte dich vor der Ehe so keusch als möglich. Wer sich aber damit befassen will, genieße ihn, wie es gesetzlich erlaubt ist. Du aber sei nicht unbillig gegen die, welche Gebrauch davon machen, und verdamme sie nicht. Auch führe es nicht bei jeder Gelegenheit an, dass du dich dessen enthaltest.

Wie man dem Lästerer das Maul stopft.

XXXIII,

9. Wenn dir jemand hinterbringt, dass der oder jener Schlimmes von dir rede, so verteidige dich nicht gegen das Gesagte, sondern antworte: Der wusste also nichts von meinen übrigen Fehlern, sonst würde er wohl nicht bloß von diesen gesprochen haben.

Sei ein kühler Beobachter.

XXXIII,

10. Oft in das Theater zu gehen, ist nicht notwendig. Kommst du aber zufällig einmal dahin, so lasse niemand, als dich selbst, merken, dass du innerlich Antheil nimmst, d.h. wünsche, dass nur das geschehe, was geschieht, und nur der siege, welcher siegt; denn auf diese Weise wird dir alles nach Wunsch gehen. Des Schreiens aber und Beifall-Zulachens, oder häufiger Mitbewegungen enthalte dich gänzlich. Nach dem

Weggehen unterhalte dich nicht viel über das Vorgekommene, soweit es nicht zu deiner Besserung beiträgt. Denn hierdurch gewönne es den Anschein, als habest du das Schauspiel bewundert.

Verschiedene Verhaltungsregeln.

a) Über den Besuch öffentlicher Vorlesungen.

XXXIII,

11. Zu den Vorträgen gewisser Leute gehe nicht ohne Ursache oder leichtsinnig hin. Gehst du aber hin, so beobachte ein würdevolles, festes, und doch nicht abstoßendes Betragen.

b) Über den Verkehr mit Vornehmen.

XXXIII,

12. Wenn du im Begriff stehst, dich mit jemand in ein Gespräch einzulassen, besonders mit einem von denen, welche für sehr vornehm gelten, so stelle dir vor, was in diesem Fall Sokrates oder Zeno getan hätte, und du wirst nicht verfehlen, dich den Umständen angemessen zu betragen.

13. Wenn du zu einem großen Herrn gehst, so stelle dir vor, du werdest ihn nicht zu Hause treffen, man werde vor dir verriegeln, man werde dir die Thüren vor der Nase zuschlagen, er werde sich nichts um dich bekümmern. Ist es bei alledem deine Pflicht, hinzugehen, so gehe hin, und ertrage, was kommt, und

sprich nie bei dir selbst: es war nicht der Mühe wert. Denn das wäre gemein, und hieße sich ärgern über äußerliche Dinge.

c) In Gesellschaft.

XXXIII,

14. In Gesellschaften vermeide man es, seiner eigenen etwaigen Taten oder Abenteuer häufig und maßlos zu gedenken. Denn nicht ebenso angenehm, als es dir ist, deiner Abenteuer zu gedenken, ist es den andern, zu hören, was dir zugestoßen ist.

15. Auch sei es ferne von dir, Lachen zu erregen; denn das ist ein Betragen, das sehr leicht in Gemeinheit übergeht, und zugleich kann es die Wirkung haben, die Achtung deiner Nebenmenschen vor dir zu mindern.

16. Gefährlich ist es auch, es bis zu garstigen Reden kommen zu lassen. Wenn nun etwas derart geschieht, so gib, wenn es die Umstände erlauben, dem, der so weit gegangen ist, eine Zurechtweisung. Wo nicht, so zeige wenigstens durch Schweigen, durch Erröten und durch eine tiefernste Miene dein Missfallen an der Rede.

Der Wahn ist kurz, die Reu' ist lang.

XXXIV.

Wenn du die Vorstellung irgend einer sinnlichen Lust in dich aufnimmst, so hüte dich, wie auch in andern Dingen, dass du nicht von ihr hingerissen werdest;

sondern lasse die Sache auf dich warten, und nimm dir längere Zeit dazu. Alsdann vergegenwärtige dir die beiden Momente, sowohl denjenigen, da du die Lust genießen, als denjenigen, da du hernach, wenn der Genuss vorüber ist, Reue fühlen, und dir selbst Vorwürfe machen wirst. Und dem stelle nun gegenüber, wie du dich freuen und dich selbst loben wirst, wenn du enthaltsam gewesen bist. Wenn es dir aber schicklich scheint, dich mit der Sache zu befassen, so gib wohl Achtung, dass dich nicht das Reizende, Angenehme und Verführerische derselben überwinde, sondern stelle dir vielmehr vor, wie viel wohler dir das Bewusstsein tun muss, einen solchen Sieg erkämpft zu haben.

Tue recht, scheue niemand.

XXXV.

Wenn du etwas tust, wovon du dich überzeugt hast, dass es getan werden muss, so vermeide es nie, gesehen zu werden, während du es tust, auch wenn der große Haufe anderer Meinung darüber sein sollte. Denn, ist es unrecht, was du tust, so meide die Tat selbst: ist es aber recht, was fürchtest du dich vor denen, die es unrecht schelten wollen?

Tischregel.

XXXVI.

Wie die Sätze: »Es ist Tag« und »Es ist Nacht« zwar vortrefflich zu einem disjunktiven Urteil, dagegen zu einer Konjunktion gar nichts taugen, so mag es auch für den Körper einen großen Wert haben, wenn man sich die größte Portion herausnimmt; aber zur geziemenden Beobachtung der gesellschaftlichen Pflichten beim Gastmahl trägt es nichts bei. Wenn du nun bei einem andern zu Gast geladen bist, so vergiss nicht, dass man nicht bloß darauf sehen darf, welchen Wert das Aufgetragene für den Leib hat, sondern dass man auch die Schicklichkeit gegenüber dem Wirth beobachten muss.

Ne sutor ultra crepidam!

XXXVII.

Wenn du eine Rolle übernimmst, welcher du nicht gewachsen bist, so wirst du sowohl in dieser zu Schanden werden, als auch jene, die du hättest ausfüllen können, vernachlässigen.

Vorsichtig wandeln.

XXXVIII.

Wie du dich beim Gehen wohl hütest, in einen Nagel zu treten, oder den Fuß zu verrenken, so hüte dich auch, den herrschenden Theil deiner selbst zu beschädigen; und wenn wir dies bei jeder Handlung beobachten, so werden wir umso sicherer zu Werk gehen.

Maß halten.

XXXIX.

Einem jeden dient sein Leib als Maßstab für den Besitz, wie der Fuß für den Schuh. Wenn du dabei stehen bleibst, so wirst du Maß halten. Gehst du aber darüber hinaus, so wirst du unfehlbar vollends wie von einer steilen Höhe heruntergerissen werden. Gerade wie mit dem Schuh! Willst du auf größerem Fuß leben, so kommt zuerst ein vergoldeter Schuh, dann ein purpurner, dann ein gestickter. Denn was einmal über das Maß hinaus ist, hat keine Grenze mehr.

Der Schmuck der Frauenzimmer.

XL.

Die Frauenzimmer werden sogleich vom vierzehnten Jahre an von den Männern Herrinnen genannt. Wenn sie nun sehen, dass sie kein anderes Verdienst haben, als dass sie bei den Männern wohnen, so fangen sie an, sich zu putzen, und hierauf alle ihre Hoffnungen zu setzen. Es wäre nun wohl der Mühe wert, sie merken zu lassen, dass man sie nur dann ehren wolle, wenn sie sich bescheiden und sittsam aufführen.

Der Unedle.

XLI.

Es ist das Merkmal einer gemeinen Natur, wenn Einer bei körperlichen Dingen lange verweilt, z.B. lange turnt, lange isst, lange trinkt, lange abseits geht, lange beim

Weibe bleibt. Solches sollte man vielmehr nur nebenher tun; auf den Geist dagegen verwende man seine ganze Sorgfalt.

Wer hat den Schaden?

XLII.

Wenn dich jemand schlimm behandelt, oder Schlimmes von dir redet, so bedenke, dass er es tut oder redet in der Meinung, er sei im Recht. Es ist nun nicht möglich, dass er dem folge, was *du* für richtig hältst, sondern dem, was *er* dafür hält. Wenn nun seine Meinung falsch ist, so hat *er* den Schaden, sofern er sich in einer Täuschung befindet. Denn wenn einer eine richtige Satzverbindung für falsch hält, so schadet dies der Satzverbindung nichts, sondern dem, welcher sich geirrt hat. Davon ausgehend wirst du dich gegen den Lästerer sanftmütig betragen. Denke nur jedes Mal: er war der Meinung usw.

Zweierlei Handhaben.

XLIII.

Jedes Ding hat zwei Handhaben, eine zum Anfassen, die andere nicht zum Anfassen. Wenn nun dein Bruder Unrecht (an dir) tut, so nimm die Sache nicht von der Seite, dass er Unrecht tut; denn das ist nicht ihre anfassbare Handhabe, vielmehr von der, dass er dein Bruder ist, dass er mit dir auferzogen worden ist. Das heißt die Sache da nehmen, wo sie anfassbar ist.

Schlechte Logik – schlechte Moral.

XLIV.

Folgende Schlüsse sind nicht richtig: »Ich bin reicher, als du, somit besser, als du«; – »ich bin beredter, als du, somit besser, als du«. – Richtiger sind die folgenden: »Ich bin reicher, als du, somit ist mein Besitz mehr wert, als der deinige«; »ich bin beredter, als du, somit ist meine Ausdrucksweise besser, als die deinige«. Du selbst aber bist weder Besitz, noch Ausdrucksweise.

Urteile nicht vorschnell.

XLV.

Es badet einer zu frühe; sage nicht: er tut unrecht, sondern: er badet zu frühe. Es trinkt einer viel Wein; sage nicht: er tut Unrecht, sondern: er trinkt viel. Denn ehe du die Absicht kennst, woher weißt du, ob er Unrecht tut?
So wird es dir nicht begegnen, dass die innere Überzeugung, welche du gewonnen hast, etwas anderes enthalte, als die handgreifliche sinnliche Wahrnehmung.

Anspruchslosigkeit.

XLVI,

1. Niemals nenne dich selbst einen Philosophen. Auch sprich unter Laien nicht viel von den Lehrsätzen der Wissenschaft, sondern handle nach denselben. So

sprich z.B. bei der Mahlzeit nicht davon, wie man essen soll, sondern iss, wie man essen soll.

Erinnere dich, dass auf diese Weise Sokrates alles sich zur Schau stellen von sich abgelegt hat. Es kamen sogar Leute zu ihm, welche von ihm den Philosophen vorgestellt sein wollten, und er führte sie hin. So leicht ertrug er es, übersehen zu werden.

Werke sind besser als Worte.

XLVI,

2. Wenn man unter Laien auf einen Satz aus der Wissenschaft zu sprechen kommt, so schweige in der Regel. Denn die Gefahr ist groß, dass du sofort wieder ausspeiest, was du noch nicht verdaut hast. Und wenn jemand zu dir sagt, du wissest nichts, und es beißt dich nicht, so wisse, dass du bereits einen Anfang in der Sache gemacht hast. Denn auch die Schafe tragen nicht das Gras her, um den Hirten zu zeigen, wie viel sie fressen, sondern verdauen das Futter inwendig; auswendig aber geben sie Wolle und Milch. So stelle auch du nicht deine Wissenschaft vor den Laien zur Schau, sondern, wenn du sie verdaut hast, die Werke.

Wahre und falsche Askese.

XLVII.

Wenn du hinsichtlich deines Körpers an Einfachheit gewöhnt bist, so bilde dir darauf nichts ein. Auch sprich nicht, wenn du Wasser trinkst, bei jeder Gelegenheit: ich trinke Wasser. Und willst du dich einmal üben in anstrengender Arbeit, so tu' es für dich, und nicht vor Fremden. Umarme nicht die Bildsäulen, sondern wenn dich einmal heftig dürstet, so nimm frisches Wasser in den Mund, und speie es wieder aus, und sage es niemand.

Ein echter Jünger der Weisheit.

XLVIII,

1. Der Standpunkt und das Kennzeichen eines gewöhnlichen Menschen ist dies: er erwartet niemals von sich selbst Nutzen oder Schaden, sondern von äußer-lichen Dingen; der Standpunkt und das Kennzeichen eines Philosophen: er erwartet allen Nutzen und Schaden von sich selbst.

2. Kennzeichen eines Fortschreitenden sind: er tadelt niemand, er lobt niemand, er beschuldigt niemand, er klagt niemand an, er spricht nicht von sich selbst, als sei er etwas, oder als wisse er etwas. Ist ihm etwas beschwerlich, oder hinderlich, so klagt er sich selbst an. Lobt ihn jemand, so lacht er bei sich selbst über den, der ihn lobt, und wenn er getadelt wird, so verteidigt er sich nicht. Er geht einher, wie die Kranken und fürchtet sich, etwas, das kaum erst angerichtet worden ist, zu bewegen, ehe es Festigkeit erlangt hat.

3. Die Begierde hat er ganz aus sich entfernt, den Widerwillen aber nur auf das gelenkt, was der Natur der Dinge zuwiderläuft, die in unsrer Gewalt sind. Von dem Trieb macht er in allem nur mäßigen Gebrauch. Ob man ihn auch für dumm oder unwissend hielte, er

achtet es nicht; und, um es kurz zu sagen, er bewacht sich selbst wie einen Feind, und wie einen, der ihm Netze stellt.

Seid Täter des Worts!

XLIX.

Wenn sich einer groß macht, dass er die Schriften des Chrysippus verstehe und auslegen könne, so sprich du bei dir selbst: Hätte Chrysippus nicht unklar geschrieben, so hätte dieser nichts, womit er sich groß machen könnte. Ich aber, was will ich? Die Natur kennen lernen, und ihr folgen. Ich frage nun, wer legt sie mir aus? und wenn ich höre: Chrysippus, so gehe ich zu ihm. Aber ich verstehe seine Schriften nicht. Ich suche also einen Ausleger, und bis dahin ist gar nichts Großes an der Sache. Wenn ich aber den Ausleger gefunden habe, so bleibt noch übrig die Anwendung der Gebote im Leben. Diese letztere allein ist etwas Großes. Bewundere ich aber das Auslegen an sich, was bin ich zuletzt anders, als ein Grammatiker, anstatt ein Philosoph? – Mit dem Unterschied jedoch, dass ich statt des Homer den Chrysipp auslegen kann! – Umso mehr werde ich also erröten müssen, wenn jemand zu mir sagt: lies mir den Chrysippus vor, und ich bin nicht im Stand, den Worten ähnliche und entsprechende Taten aufzuweisen.

Die Stimme der Weisheit ist Gottes Stimme.

L.

Alles Vorgetragene beobachte wie Gesetze, und als begingest du eine Gottlosigkeit, wenn du es übertrātest. Was man aber auch über dich sagen möge, kehre dich nicht daran; denn dies ist nicht mehr deine Sache.

Wann wirst du weise werden?

LI,

1. Wie lange willst du es noch aufschieben, dich der besten Güter wert zu achten, und in nichts den Aussprüchen der Vernunft zuwider zu handeln? Du hast die Lehrsätze vernommen, nach welchen du dich richten solltest, und hast du dich darnach gerichtet? Auf welchen Lehrmeister wartest du denn noch, um ihm das Werk deiner Besserung zu übertragen? Du bist kein Knabe mehr, sondern bereits ein Mann in reifem Alter. Wenn du auch jetzt noch fahrlässig und leichtsinnig bist, immer einen Aufschub um den andern machst, und immer wieder neue Tage festsetzest, nach deren Verfluss du für dich selbst Sorge tragen willst, so wirst du, ohne es zu merken, dahinten bleiben, und bis an's Ende ein Laie bleiben — im Leben und im Sterben.

2. So halte dich nun endlich dessen wert, zu leben als ein Vollkommener und als Jünger der Weisheit. Alles, was du für das Beste erkannt hast, sei dir unverbrüchliches Gesetz. Und wenn dir etwas Beschwerliches, oder etwas Angenehmes, oder etwas Ruhm-

volles, oder etwas Ruhmloses daherkommt, so erinnere dich, dass jetzt die Zeit des Kampfes ist, und die Olympischen Spiele schon da sind und sich nicht aufschieben lassen, und dass an einem einzigen Tag und durch eine einzige Handlung das bisher Gewonnene entweder verloren gehen, oder gesichert werden kann.

3. Sokrates ist dadurch vollkommen geworden, dass er in allem, was ihm vorkam, auf nichts anderes, als auf die Vernunft achtete. Du aber, wenn du auch noch kein Sokrates bist, solltest doch leben als einer, der wünscht, ein Sokrates zu sein.

Theorie und Praxis.

LII,

1. Das erste und notwendigste Kapitel in der Philosophie ist das von der Anwendung der Lehrsätze im Leben, wie z.B. dass man nicht lügen soll. Erst das zweite ist das von den Beweisen, z.B. aus welchem Grunde man nicht lügen soll. Das dritte dient zur Begründung und Er-klärung des vorigen, z.B. aus welchem Grunde dieses ein Beweis ist. Denn was ist ein Beweis? Was eine Folge? Was ein Widerspruch? Was ist wahr, was falsch?

2. Ist also nicht das dritte Kapitel notwendig wegen des zweiten, das zweite aber wegen des ersten? Das notwendigste aber, und das, bei welchem man ver-weilen sollte, ist das erste. Wir aber machen es umge-kehrt; denn wir halten uns am dritten Kapitel auf und

verwenden auf dieses allen Fleiß, um das erste aber kümmern wir uns ganz und gar nicht; und so kommt es, dass wir zwar lügen, aber wie man beweist, dass man nicht lügen soll, das ist uns ganz geläufig.

Die Summe der Weisheit.

LIII.

In allen Fällen müssen wir folgende Sätze in Bereitschaft halten:

1.
So führe mich, o Zeus, und göttliches Geschick,
Wohin es mir von euch zu gehen verordnet ist.
Ich will euch folgen ohne Zögern; wollt' ich's nicht,
Wär' ich ein Feigling; aber folgen müsste' ich doch.

2.
Und wer das Unvermeidliche mit Würde trägt,
Der heißt ein Philosoph uns, ja ein Theolog.

3.
Drum, Krito, wenn es den Göttern also beliebt,
so mag's geschehen.

4.
Anytus und Melitus können mich zwar töten,
aber mir schaden, – das können sie nicht.